JN065897

基礎 50 + 発展 50 で深い学びが得られる！

算数 おもしろ問題 100

細水保宏 編
ガウスの会 執筆

東洋館出版社

はじめに

ガウス流「深い学び」で、子どもが輝く、算数が好きになる！

　考えているとき、思わず「あっ！」「えっ！」と呟くときがあります。そのような場面は、今まで見えていなかったものが見えてきたり、ばらばらだったものがつながって捉えられるようになってきたりします。また、同時に「不思議だな」「なぜだろう？」といった気持ちや「へぇ～！」「なるほど！」といった算数の楽しさやよさに感動するきっかけが生まれてきたりします。

　そこで、「あっ！」「えっ！」「へぇ～！」「なるほど！」といった呟きが生まれてくるような魅力ある問題をつくり、みんなで一緒に考え、楽しんでいこうと発足したのが、このガウスの会です。

　本書は、ガウス流「深い学び」を味わうことができる魅力ある問題を集めたものです。「深い学び」を「算数の本質に迫る学び」と捉え、算数の本質を「算数のよさや美しさ、考える楽しさ」と考えました。したがって、「深い学び」は、算数のおもしろさを味わうことができ、算数好きを増やしてくれるものと信じています。

　また、「深い学び」に迫るためには、問題から問題が生まれてきたり（活用・発展）、新たな問題に取り組むことで最初の問題の理解やしくみ、見方・考え方が深まってきたり（深化）、といった場面をつくっていくことが大切だと考えています。そこで、同じ考え方を再度使う似た問題をペアにして用意しました。

　本書に掲載した100（50×2）題が、「深い学び」につながる「算数のおもしろさ」を多くの皆さんにお届けすることができれば嬉しいです。

　最後に、本書の出版にあたり、東洋館出版社の畑中潤氏に貴重なご示唆や温かい励ましをいただきました。心から感謝申し上げます。

2023年３月　細水保宏

もくじ

本 書 の 見 方

本書は１つの問題がＡとＢに分かれています。
Ａが基礎問題でＢが発展問題です。まずは問題Ａに取り組み、
次に問題Ａで使った解法を生かして問題Ｂに挑戦してみましょう。
解答は、P.106に掲載されています。

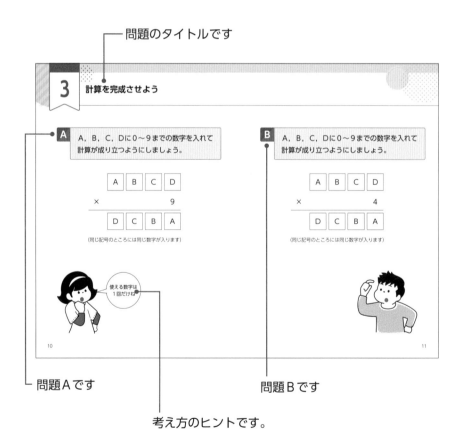

問題のタイトルです

3 計算を完成させよう

A A，B，C，Dに0〜9までの数字を入れて計算が成り立つようにしましょう。

A B C D
× 　　　9
D C B A

（同じ記号のところには同じ数字が入ります）

使える数字は
1回だけね

B A，B，C，Dに0〜9までの数字を入れて計算が成り立つようにしましょう。

A B C D
× 　　　4
D C B A

（同じ記号のところには同じ数字が入ります）

問題Ａです

問題Ｂです

考え方のヒントです。

A　●のシールの数は何枚あるでしょうか。

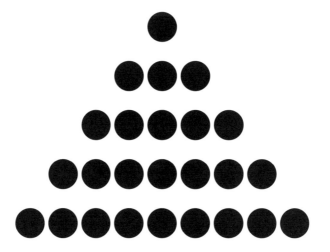

B　●のシールの数は何枚あるでしょうか。

2 シールの数は何枚あるかな？②

A 下の式は，●のシールの数が何枚あるかを求めた式です。
それぞれどのように考えたのでしょうか。

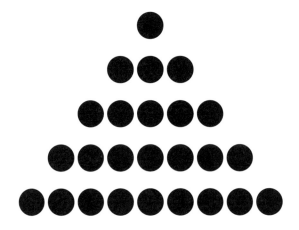

① 1＋3＋5＋7＋9＝25

② 1＋2＋3＋4＋5＋4＋3＋2＋1＝25

③ (1＋9)×5÷2＝25

④ 5×5＝25

B 下の式は，●のシールの数が何枚あるかを求めた式です。
それぞれどのように考えたのでしょうか。

① 2＋4＋6＋8＋10＝30
② 1＋2＋3＋4＋5＋5＋4＋3＋2＋1＝30
③ (2＋10)×5÷2＝30
④ 5×6＝30
⑤ 25＋5＝30

計算を完成させよう

A A，B，C，Dに0〜9までの数字を入れて計算が成り立つようにしましょう。

A	B	C	D

| | × | | 9 |

D	C	B	A

（同じ記号のところには同じ数字が入ります）

使える数字は
1回だけね

A，B，C，Dに0〜9までの数字を入れて
計算が成り立つようにしましょう。

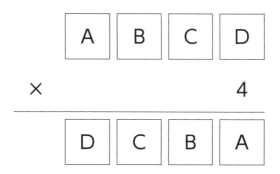

（同じ記号のところには同じ数字が入ります）

魔方陣を作ろう①

A 縦，横，斜めの３つの数の和が等しくなるように□に数を入れましょう。

☆		
5	9	
□		6

☆が
ヒントだね！

B

縦，横，斜めの３つの数の和が等しくなるように空いているわくに数を入れましょう。

	9	
5		6

○に入る数はいくつかな？

A 直線上の２つの○にある数の和が□だとすると，○のア，イ，ウはそれぞれいくつでしょうか。

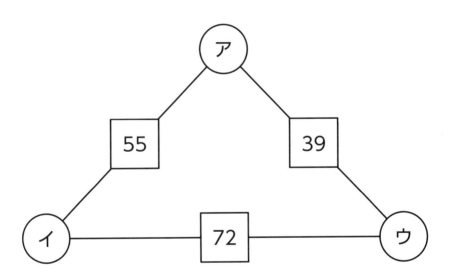

直線上の〇にある数の和が等しくなるように
1〜7の数を1つずつ入れましょう。真ん中
にはいくつが入るでしょうか。

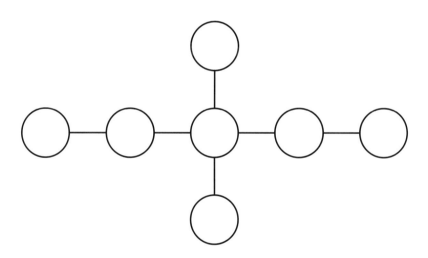

6 ひき算ピラミッドをしよう

A ピラミッドの一番下の段に数字を入れると，隣り合う２つの数字の差が１つ上の段の数字になります。

１，２，３，４，５，６の数字を１度ずつあてはめて，下のひき算ピラミッドを完成させましょう。

（例）

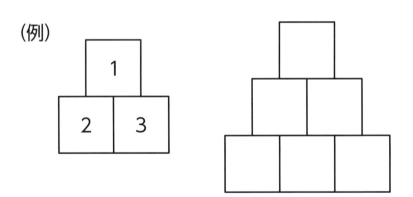

1，2，3，4，5，6，7，8，9，10
の数字を1度ずつあてはめて，下のひき算ピ
ラミッドを完成させましょう。

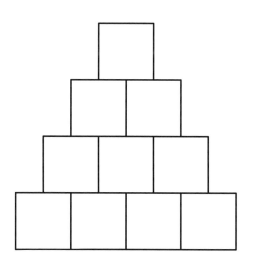

7 10を作ろう

A 次の4つの数字と演算（＋，－，×，÷），
（ ）を使って10を作りましょう。
順番は入れ替えてもよいことにします。

① (1, 3, 5, 7)
② (2, 4, 6, 8)
③ (6, 7, 8, 9)
④ (9, 9, 9, 9)

B 次の４つの数字と演算（＋，－，×，÷），
（　）を使って10を作りましょう。
順番は入れ替えてもよいことにします。

① (9, 8, 8, 8)
② (9, 7, 7, 7)
③ (1, 9, 1, 9)
④ (3, 7, 4, 8)

A

1＋2＋3＋4＋……＋9＝45ですね。

では、1から99までたすと、いくつになる
でしょうか。

1＋2＋3＋4＋……＋99＝？

B 1からいくつまでたすと2016になるでしょうか。

1＋2＋3＋4＋……＝2016

9 | あまりはいくつ？

A 354972を7で割ったあまりは？
（筆算をせずに解きましょう）

111111を9で割ったあまりは？

(筆算をせずに解きましょう)

10 0はいくつ並ぶかな？

A

$1 \times 2 \times 3 \times 4 \cdots \times 10$ のように $1 \sim 10$ の数をすべてかけ合わせると，答えの最後に0がいくつ並ぶでしょうか。

（例）2×1000 の答えは2000で，答えの最後に0が3つ並びます。

B 　1×2×3×4…×30のように1〜30の数をすべてかけ合わせると，答えの最後に0がいくつ並ぶでしょうか。

割り切れるのはどれかな？

A

次の数のうち，1から10までのすべての整数で割り切れるのはどれでしょうか。

A 23×34　B 34×45　C 45×56
D 56×67　E 67×78

次の数のうち，7，9，11のすべてで割り切れるのはどれでしょうか。

(1) 693396　(2) 693693　(3) 693963

A ？に入る数字は何でしょうか。

951 + 215 = 8?9

数字が書いてありますが，5文字のアルファベットになります。なんと読むのでしょうか。

A 子どもが一列に並んでいます。やすひろ君の前には5人，後ろには8人います。全部で何人並んでいるでしょうか。

やすひろ君
↓

子どもが一列に並んでいます。やすひろ君の
前には8人，けい君の後ろには3人，やすひ
ろ君とけい君の間には2人います。
全部で何人並んでいるでしょうか。

けい君は，
やすひろ君の
前？　後ろ？

14 魔方陣を作ろう②

A 1から9までの数を使って，縦，横，斜めでも3つの数をたして同じ数（15）になるようにマスに数を入れてみましょう。

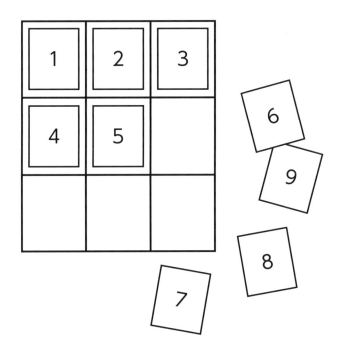

1から25までの数を使って縦，横，斜めでも５つの数をたして同じ数（65）になるようにマスに数を入れてみましょう。

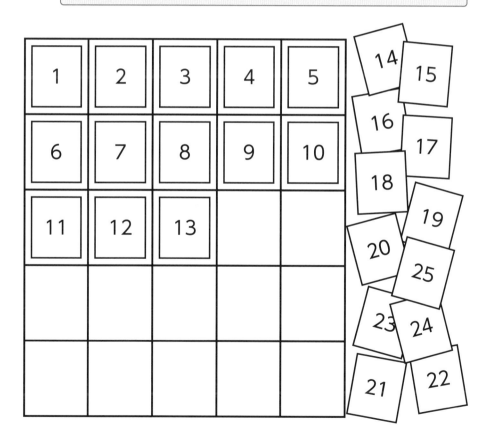

15 算数占いをしよう

A 次のような占いをします。

1：好きなかけ算九九を1つ選び，その答え
を求めます。（例：2×4＝8）

2：1で選んだかけ算九九のかけられる数と
かける数を1ずつ増やし，その答えを求
めます。（例：3×5＝15）

3：1の答えと2の答えを比べて，10増え
ていたら当たり！（例：15−8＝7な
ので外れ）

当たりになるかけ算九九には，どのようなも
のがあるでしょうか。

B 次のような占いをします。

1：好きなかけ算九九を１つ選び，その答え
　　を求めます。（例：２×４＝８）

2：１で選んだかけ算九九のかけられる数と
　　かける数を２ずつ増やし，その答えを求
　　めます。（例：４×６＝24）

3：１の答えと２の答えを比べて，20増え
　　ていたら当たり！（例：24－８＝16な
　　ので外れ）

当たりになるかけ算九九には，どのようなも
のがあるでしょうか。

16 おはじきゲームをしよう

A

おはじきが $\boxed{21個}$ あります。交互に1人 $\boxed{3個}$ まで取ることができます。最後の1個を取った方が負けです。
先攻と後攻，どちらを選びますか。

3個までだから1個や2個でもいいか…

B おはじきが 22個 あります。交互に 1 人 3個 まで取ることができます。最後の 1 個を取った方が負けです。
先攻と後攻，どちらを選びますか。

さっきは
○攻だった
から…

17 一筆で点を結ぼう

A 下の9個の点を4本の連続する直線で（一筆書きの要領）で結んでください。

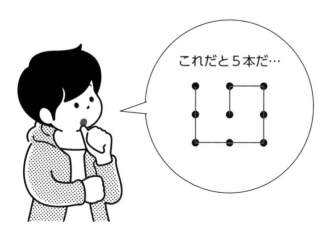

これだと5本だ…

下の16個の点を6本の連続する直線で（一筆書きの要領で）結んでください。

18 白鍵と黒鍵の数の差は？

A 一番低い音がファから始まる鍵盤ハーモニカ
があります。鍵盤の数は32個です。
白鍵と黒鍵の数の差はいくつでしょうか。

B 一番低い音がラから始まるグランドピアノが
あります。鍵盤の数は88個です。
白鍵と黒鍵の数の差はいくつでしょうか。

ぴったり敷き詰めるには？

A ④と⑤の２種類のピースがたくさんあります。

このピースを下のケースの中にピッタリしまうことができました。

④と⑤それぞれ何個ずつ入れたでしょうか。

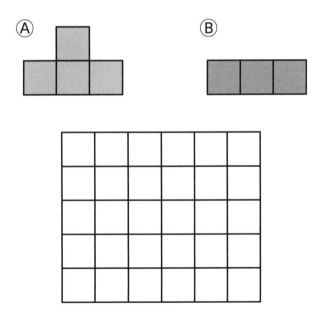

ⒶとⒷの２種類のピースがたくさんあります。

このピースを下のケースの中にピッタリしまいたいと思います。

ⒶとⒷそれぞれ何個ずつ入れればよいでしょうか。

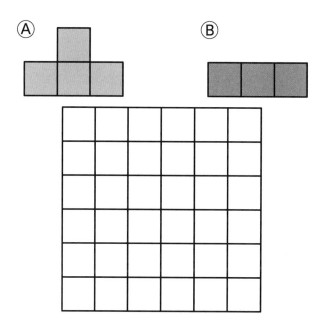

20 最後は絶対……？

A

1 外側の正方形の頂点に3桁の数字を書く。

2 隣り合った頂点の数の差を，1つ内側の正方形の頂点に書いていく。

3 1，2を繰り返す（正方形は追加してもよい）。

最後にすべての頂点が同じ数字になります。その数字はいくつでしょうか。

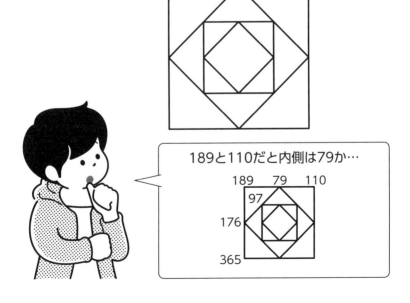

189と110だと内側は79か…

189　79　110
97
176
365

他の多角形でも計算をすることができます。
(例：三角形，五角形，六角形など)
最後にすべての頂点が0になるのは，どのような多角形のときでしょうか。

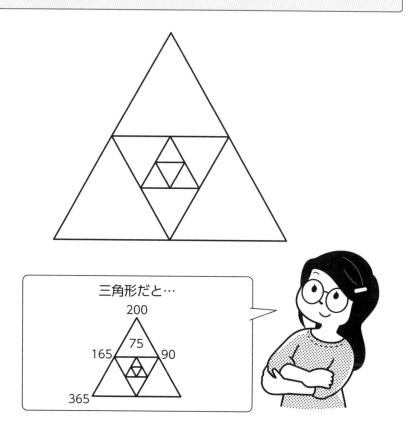

三角形だと…

200

165 75 90

365

21 何回でゴールできるかな?

A ㋐をスタートして㋑のゴールへの行き方を考えます。直線の通りに進みます。同じ道は通れません。
1ます進むことを1回と数え，➡(矢印)1本で表します(**(例)** を参照)。
下のＡ，Ｂの道路では，何回進むのがいちばん早いでしょうか。矢印をかき入れましょう。

(例)

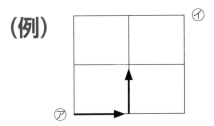

(この図の矢印は，右に1回，上に1回，合計2回進んだことを表しています)

A

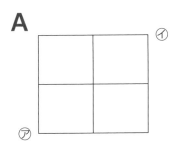

B

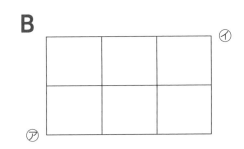

46

B 遠回りを考えます。
同じ交差点は通れます。交差をすることもできます。しかし，同じ道は通れません。
Aのいちばん遠回りの行き方を
→で示してみました。

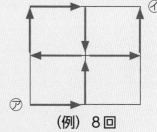

（例）8回

Bの問題でいろいろな遠回りの仕方を考えた子どもたちがいます。その中で，誰かが間違っています。答えを見ただけで，間違っていると分かる子は誰でしょうか。

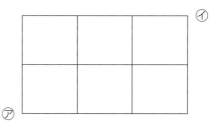

9回でゴールまで行ったよ

あきこさん

10回でゴールまで行ったよ

しのぶさん

13回でゴールまで行ったよ

ゆうたさん

22　さいころを使って

A さいころの展開図の一部の数が次のように分かっています。
ア〜エのうち分かる数を答えましょう。

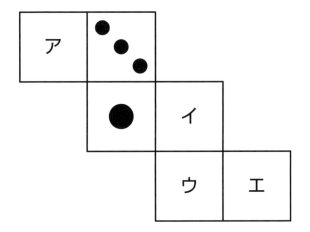

さいころが重ねて置いてあります。

その重ねてあるさいころの個数と上の面の数が同じになるようになっています。

例えば3個重ねの場合上には3が出ています。

見えない部分の数の和をそれぞれ求めましょう。

・1個のときは，下に接している面の数。

・2個のときは下に接している面と，さいころどうしが接している面の和。

さいころの個数をx，和をyとして，xとyの関係を式で表してみましょう。

23 どんな形かな？

A ？に入る形は何でしょうか。

B ?に入る形は何でしょうか。

sa　db　?　bd　ee

A 時計の文字盤の点から4つ選んで直線で結び，長方形（正方形）を作ります。何種類の長方形ができるでしょうか。

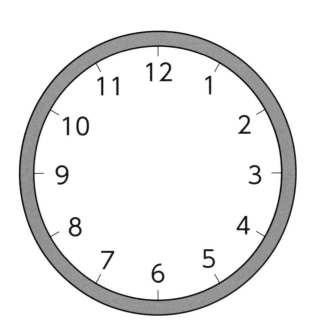

B 時計の文字盤の点から３つ選んで二等辺三角形（正三角形）を作ります。何種類の三角形ができるでしょうか。

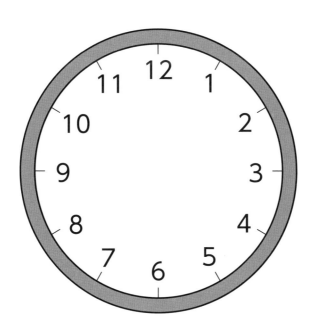

円の中心はどこかな？

A 時計を作るために円形の木の板を用意しました。針をつけるため，円の中心に穴をあけます。円の中心を見つけましょう。

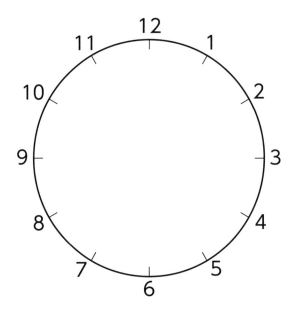

B 目盛りのない円なら，どうやって中心を求めますか。

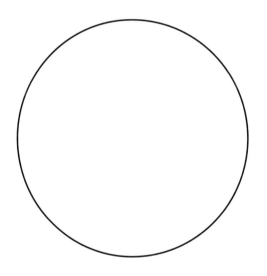

26 現れない図形はどれ？

A 同じ大きさの正方形が重なった部分に絶対に
現れない図形は次のどれでしょうか。

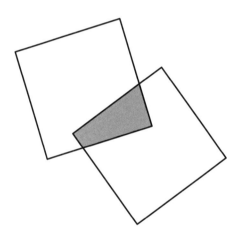

A 正三角形　B 正方形　C 凧形^{たこがた}

D 七角形　　　E 八角形

B 同じ大きさの正三角形が重なった部分に絶対に現れない図形は次のどれでしょうか。

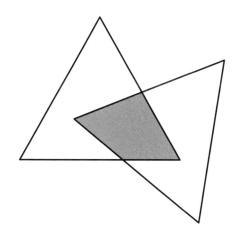

A ひし形　B 平行四辺形　C 五角形
D 長方形　E 正六角形

27 キューブはいくつ？

A 下の図のように横から見て十字形に穴をあけようと思います。
くりぬくキューブの数はいくつでしょうか。

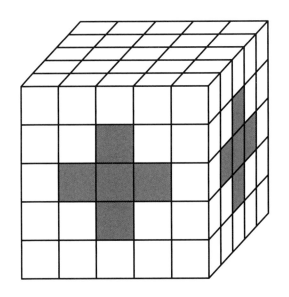

B どの面から見ても十字形の穴になるようにするには，全部でいくつくりぬけばよいでしょうか。

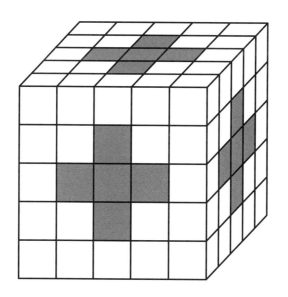

28 何度になるのかな？

A 正方形を下の図のように折りました。
アの角度を求めましょう。

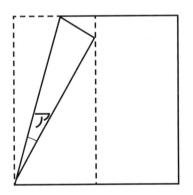

長方形を下の図のように折りました。
アの角度を求めましょう。

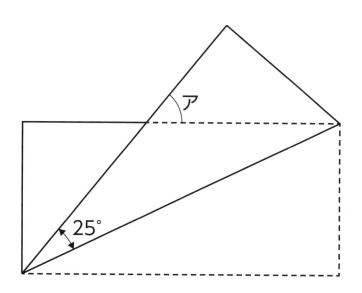

角の大きさの和が分かるかな？

A 次の図形の色のついた部分の角の大きさの和は何度でしょうか。

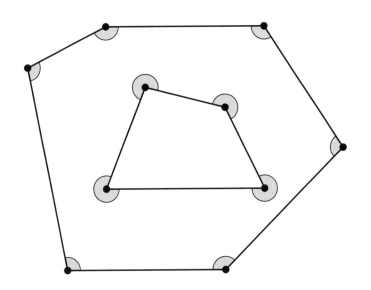

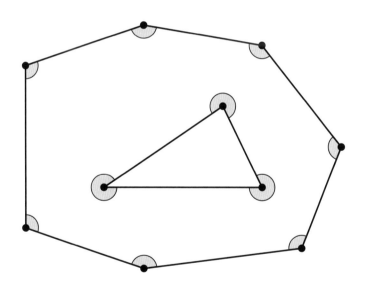

B　Aの図形の色のついた部分の角の大きさの和と下の図形の色のついた部分の角の大きさの和は，どちらが大きいでしょうか。

30 どんな形ができるかな？

A 下の図のように点Aから同じ長さと同じ角度を順にとってかいていきます。
点Aに戻ってきたとき，どんな形ができるでしょうか。

(1)

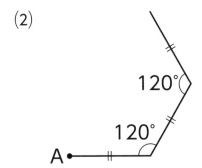

(2)

120°

120°

A•

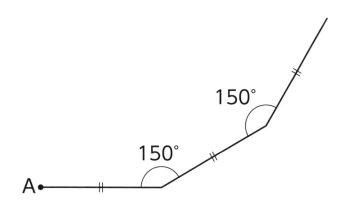

B 下の図のように点Aから同じ長さと同じ角度を順にとってかいていきます。
点Aに戻ってきたとき，どんな形ができるでしょうか。

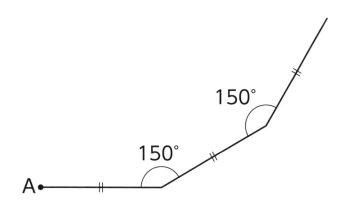

150°

150°

A

プログラミングで正多角形を作ろう

A 下のプログラムを実行すると，それぞれ正三角形，正方形をかくことができます。

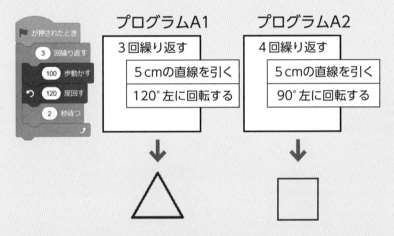

が押されたとき
3 回繰り返す
100 歩動かす
120 度回す
2 秒待つ

プログラムA1

3回繰り返す
5cmの直線を引く
120°左に回転する

プログラムA2

4回繰り返す
5cmの直線を引く
90°左に回転する

このプログラムの数字を変えて，正五角形を作るプログラムを作りましょう。

プログラムA3

＿＿回繰り返す
5cmの直線を引く
＿＿°左に回転する

B 下のプログラムを実行すると，5つの星をかくことができます。

プログラムB1

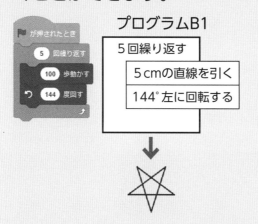

```
5回繰り返す
  5cmの直線を引く
  144°左に回転する
```

このプログラムの数字を変えて，9つ星を作るプログラムを作りましょう。

プログラムB2

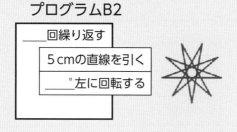

```
___回繰り返す
  5cmの直線を引く
  ___°左に回転する
```

32 何度かな？

A 次の図（外側は正方形）の x の角度は何度でしょうか。

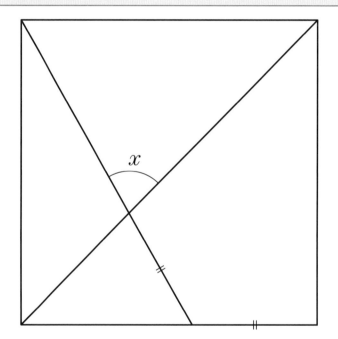

△ABCと△DBEは合同です。

次の図の x の角度は何度でしょうか。

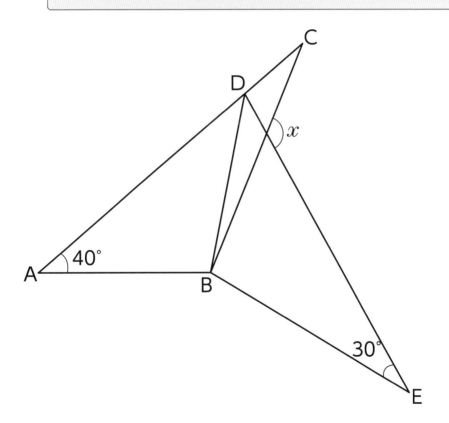

33 長方形のまわりの長さは何cm？

A 四角形EFGHは正方形で，長方形ABCDのちょうど真ん中にあります。
AH＝10cmのとき，長方形ABCDのまわりの長さは何cmでしょうか。

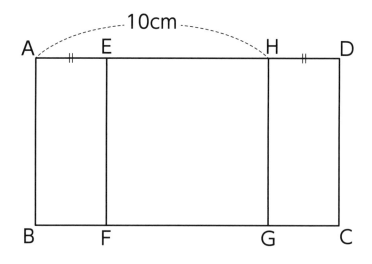

四角形EFGHは正方形です。
AH＝12cm，CF＝8cmのとき，
長方形ABCDのまわりの長さは何cmでしょうか。

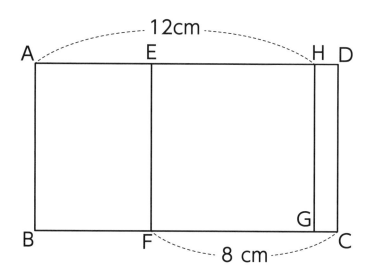

34 まわりの長さは？

A 一辺４cmの正方形の中心をつなげたおもちゃのまわりの長さは，何cmになりますか？

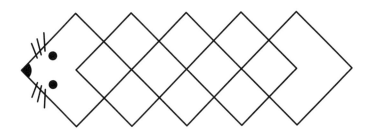

B 半径４cmの円を７枚重ねたおもちゃがあり
ます。それぞれの円は中心で重なっています。
まわりの長さは何cmですか？

※円周率は3.14とする

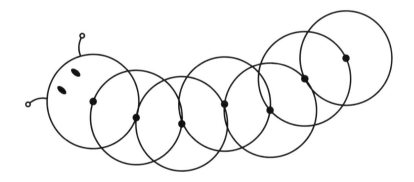

35 トイレットペーパーをひもで結ぶと？

A 直径10cmの４つのトイレットペーパーをひもで結ぶとき，ひもの長さは何cmあればよいでしょうか。
結び目は考えないものとします。

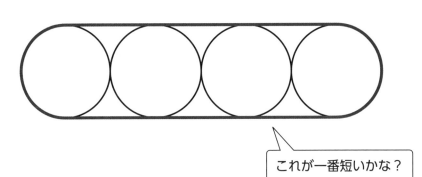

これが一番短いかな？

これが一番短いかな？

74

B ひもが最も短くてすむ
６個のトイレットペーパーの並べ方は？

A 直径100mの円の形をした散歩コースがあります。
その中に，大小２つの円を使った「８の字散歩コース」ができました。
どちらの散歩コースが長いでしょうか。

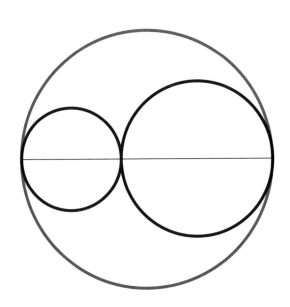

直径100mの円の形をした散歩コースがあります。

その中に，大中小３つの円を使った「おだんご散歩コース」ができました。

どちらの散歩コースが長いでしょうか。

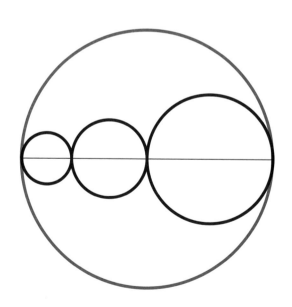

どちらが広い？

A 同じ広さの長方形があります。次のように重ねたとき，重なっていない部分の広さはどちらが広いでしょうか。

※理由をつけて言えるかな？

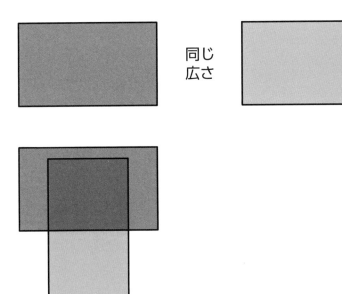

同じ
広さ

B 次のような台形があります。灰色の台形と赤の台形は最初，ちょうど重なっています。次のようにずらしたとき，灰色と赤色の部分ではどちらが広いでしょうか。

※理由をつけて言えるかな？

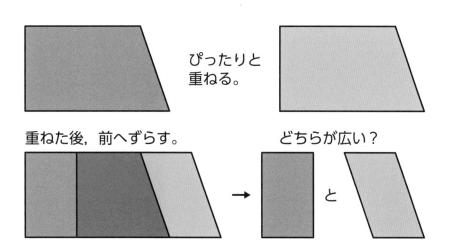

正方形を並べた面積は？

A 図のように大小の正方形が2つ並んでいます。
この正方形2つを合わせた面積を求めましょう。

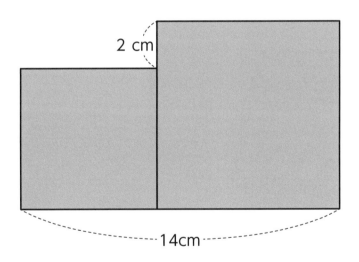

2 cm

14cm

図のように大中小の正方形が３つ並んでいます。

この正方形３つを合わせた面積を求めましょう。

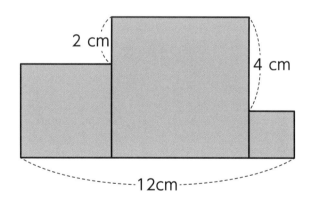

2 cm

4 cm

12cm

重なった部分の面積は？

下の図のように面積100cm^{2}の円が重なっています。

全体の面積が170cm^{2}のとき，重なった部分の面積は何cm^{2}でしょうか。

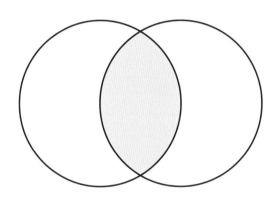

下の図のように100cm²の円が３つ重なっています。
全体の面積が220cm²で，それぞれ２つの円の重なり方はＡ問題と同様のとき，３つの円が重なった部分の面積は何cm²でしょうか。

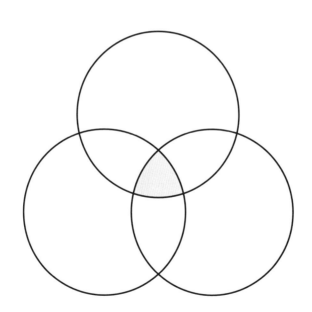

40 正六角形の中の面積は？

A 面積が 6 cm² の正六角形 ABCDEF があります。辺 AB の間に点 H をとり，△HDE を作りました。この面積を求めましょう。

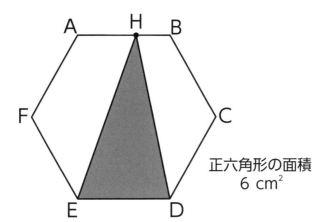

正六角形の面積
6 cm²

B 面積が６cm²の正六角形ABCDEFがあります。頂点をつないで四角形ABDEを作りました。この面積を求めましょう。

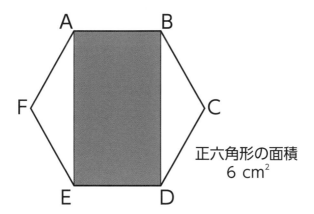

正六角形の面積
6 cm²

41 どちらが大きいかな？

A 色のついている部分と白い部分は，どちらの
面積がどれくらい大きいでしょうか。

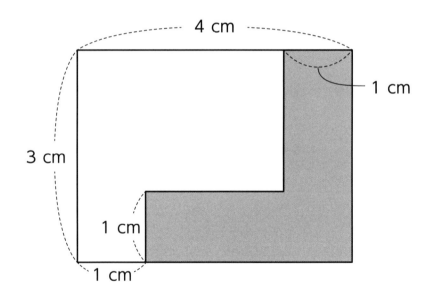

B 半径8cmの円の中で2本の直線が下の図の
ように垂直に交わっています。色のついてい
る部分と白い部分はどちらの面積がどれくら
い大きいでしょうか。

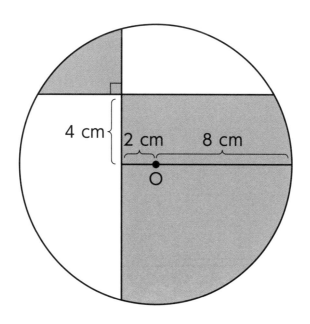

4 cm

2 cm

8 cm

O

42 面積の和は？

A 　1辺が2cmの正方形ABFEと正方形EFCDを2つ並べて長方形を作ります。この長方形ABCDに対角線BDを引いて，図のように斜線を入れるとき，斜線の部分の面積の和はいくつになるでしょうか。

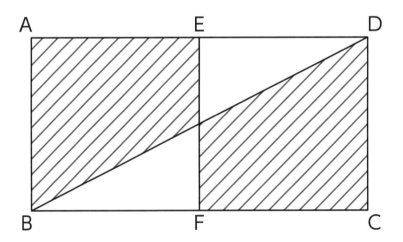

B 図のように1辺が2cmの正方形を4つ並べて長方形を作った場合，斜線部分の面積の和はいくつになるでしょうか。

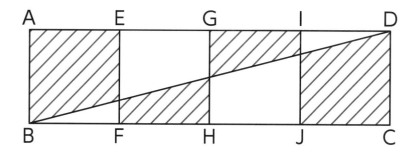

本当に同じ面積？

A $\frac{1}{4}$ の円の中に2つの小さい半円が入っています。翼の形Aとレンズの形Bの面積が等しいことを説明しましょう。

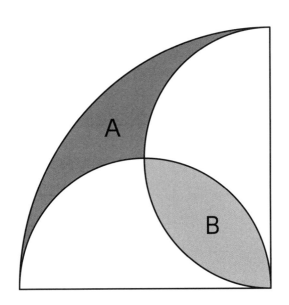

AとBの面積が等しいことを説明しましょう。

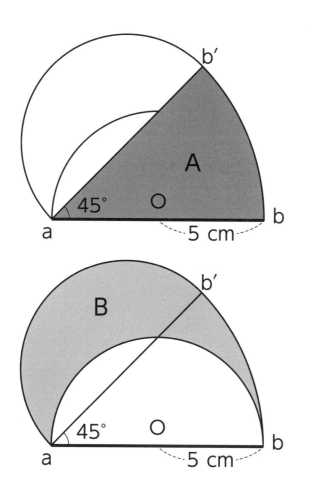

44 面積はいくつになるかな？

A 図のように△ABCの各辺を，それぞれ一方方向に2倍延長して△DEFを作ります。△ABCの面積が1cm²のとき，△DEFの面積はいくつになるでしょうか。

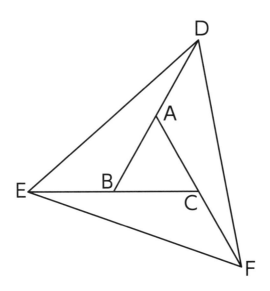

Aの問題と同様に四角形ABCDの面積を1cm²とすると四角形EFGHの面積は，いくつになるでしょうか。

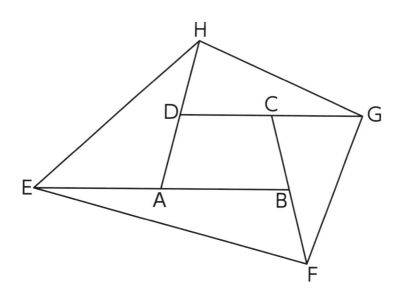

45 プールに水を入れよう

A 図のように，円柱の形をしたプールに水を入れます。

半径は90cmで，深さ50cmのところまで水を入れたいと思います。5L入るバケツを使って，その量の水を入れるには，何杯分の水をくまないといけないでしょうか。最も近いものを選びましょう。

ア 250杯　イ 350杯　ウ 450杯

94

B 学校のプールに水を入れます。

縦25m，横15mで，深さ１mのところまで入れるとき，さきほどの円柱の形をしたプール，何杯分の水の量になるでしょうか。最も近いものを選びましょう。

ア 300杯　イ 500杯　ウ 1000杯

46 クーポン券をどう使う？

A 税込み540円の牛丼ランチセットを食べました。
30円引きのクーポン券を使ったところ，507円でした。どうして510円ではなかったのでしょうか。
レシートを見て，説明しましょう。

牛丼ランチセット	540円
（外 10％対象	491円）
（外 10％税額	49円）
割引	−30円
（外 10％対象	461円）
（外 10％税額	46円）
合計	**507円**

B

8000円の洋服を買うのに，500円引きのクーポン券と20%引きのクーポン券を，両方とも使います。
どちらのクーポン券を先に使うと，お得でしょうか。

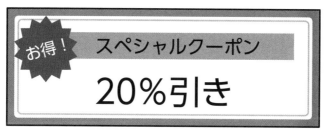

47 ようかんを値上げすると……

A

今月から，500グラムで400円のようかんを
25％値上げしました。しかし，あまり売れ
なかったので，翌月には値上げしたようかん
を25％引きで販売しました。

さて，この価格は，値上げ前の価格と同じで
しょうか。

500グラムで400円のようかんの価格を変えずに，容量を減らして25%値上げするには，ようかんの重さを何%減らせばいいですか。

利益はいくらかな？

A

山田商店は，行楽弁当を原価300円でつくることができました。定価を500円にしてためしに10個売り出すこととします。ただサービスとして次の場合を考えています。

ア　最初二割五分引き，途中で５個売れ残った段階でさらに100円引き

イ　最初100円引き，途中で５個売れ残った段階でさらに二割五分引き

利益はどうなるでしょうか。

　　①　アの方がイの方より大きい。

　　②　アとイの利益は同じ

　　③　イの方がアの方より大きい。

実際にア，イそれぞれの利益を求めても取り組んでみましょう。

B では，定価を500円にはしないで，店では次のどちらかで売ることにしました（原価300円）。

1円未満は切り捨てます。

A　まず消費税10％をつけて，そして利益としてその2割5分

B　まず利益として原価の2割5分，そしてその10％の消費税

A，Bのどちらが安く売ることができるでしょうか。

では　原価が296円でできました。この場合はどうでしょうか。AとBを比べてみましょう。計算しないで説明できますか。

いくらかな？

A

たかし君は，文房具はいつも大谷文房具店で買っています。買うときにはすべて消費税が10％つきます。

いつも143円で買っているノートの売値（消費税なしで店においてある段階での値段）をちょっと調べようと思いました。

いくらでしょうか。

この店に「棚おろしコーナー2割引き」があり，ノートや消しゴム，ボールペンなどがたくさん置いてありました（このコーナーの表示価格は一の位が0円か5円の表示になっています）。

表示価格の2割引きでの販売だそうです。さいふの中をみると1650円あります。

なるべくたくさん買って帰ろうと思います。

表示価格の合計何円まで買えるでしょうか。

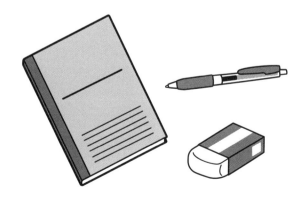

A クラスの32人に犬や猫のすき・きらいについて聞いてみました。

犬がすき…………27人

猫がすき…………23人

犬も猫もきらい…2人

犬も猫も好きな人は何人でしょうか。

B 100個のシュークリームがあります。そのうち，60%がチョコレートクリーム，残りがカスタードクリームです。また，外側に，イチゴがのっているものが30%，残りは，イチゴがのっていません。イチゴがのっているカスタードクリームは，15個あります。
イチゴがのっていないカスタードクリームは何個あるでしょうか。

解答

1 - A

25枚

1 - B

30枚

2 - A

① ② ③ ④

  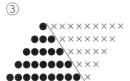

2 - B

① ② ③ ④

  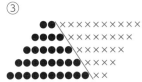 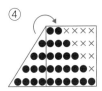

⑤

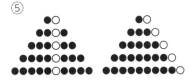

3 - A

①まず，**A＝1** が分かる（2以上だと答えが5桁になるので）

②次に，**D＝9** が分かる（D×9で一の位が1になるものは，81なので）

③次に，**B＝0** が分かる（B×9で千の位に繰り上がらないためには，

　1が既に使われているので0しかない）

106

④最後に，**C＝8**が決まる（十の位が繰り上がって０になる）

3 － B

２－Aと同じように考えていくと，**A＝2**，**D＝8**，**B＝1**，**C＝7**となる。

4 － A

10

☆＋５＋□＝☆＋９＋６

９＋６＝５＋□

15＝５＋□

4 － B

12	2	13
10	9	8
5	16	6

※まず，・から見つかります

5 － A

ア＝11，**イ＝44**，**ウ＝28**

$55＋72＋39＝ア＋イ＋イ＋ウ＋ウ＋ア$

$166＝(ア＋イ＋ウ)×2$

$83＝\underset{55}{\underline{ア＋イ}}＋ウ$

$ウ＝28$

$83＝ア＋\underset{72}{\underline{イ＋ウ}}$

$ア＝11$

$$83 = \underset{39}{\underbrace{ア}} + イ + \underbrace{ウ}$$

$$イ = 44$$

5 - B

2・4・6の3通り

$1 + 2 + 3 + 4 + 5 + 6 + 7 = 28$

1つの数を真ん中に決めたときに残りの○の合計が偶数にならなければ縦と横のグループが同じにならない。だから，真ん中の数は偶数の2・4・6となる。

6 - A

(例) この場合一番大きな数の6が上の段に来ることはありえないので6は一番下。後は6の隣に3は来ない等，半分の数は隣に来ないことに注意して試行錯誤あるのみ。

(例)

6 - B

(例) この場合一番大きな数の10が上の段に来ることはありえないので10は一番下。後は10の隣に5は来ない，8の隣に4は来ない等半分の数は隣に来ないことに注意して，試行錯誤あるのみ。

(例)

7 - A

(例) ① $1+(5-3)+7=10$

② $8÷4+2+6=10$

③ $6+8÷(9-7)=10$

④ $(9×9+9)÷9=10$

7 - B

(例) ① $(9×8+8)÷8=10$

② $(9×7+7)÷7=10$

③ $(1÷9+1)×9=10$

④ $(3-7÷4)×8=10$

8 - A

4950

$$
\begin{array}{r}
1+2+\cdots\cdots 99=● \\
+)\ 99+98+\cdots\cdots 1=● \\
\hline
100+100+\cdots\cdots 100=●×2
\end{array}
$$

$●=(1+99)×99÷2$

$=4950$

8 - B

63

$$
\begin{array}{r}
1+2+\cdots\cdots+○=2016 \\
+\qquad ○+\cdots\cdots+1=2016 \\
\hline
(1+○)\ ×○\qquad =5032
\end{array}
$$

$5032=63×64$

$○=63$

9 - A

354972＝350000＋4900＋72

35は7で割り切れる。したがって，350000も7で割り切れる。

49も7で割り切れるので，4900も7で割り切れる。

354972＝350000＋4900＋72

なので，72を7で割ったあまりが分かればいい。あまりは **2**

9 - B

111111＝100000＋10000＋1000＋100＋10＋1

１００００００を9で割るとあまりは1

１００００を9で割るとあまりは1

１０００を9で割るとあまりは1

１００を9で割るとあまりは1

１０を9で割るとあまりは1

1を9で割るとあまりは1

よって，あまりは1＋1＋1＋1＋1＋1＝**6**

（9で割ったあまりは各位の数字をたし算すればよい）

10 - A

2つ

かける数に10が1つだけなので，答えは「1つ」と思うかもしれないが，

2×5＝10など，5があるともう一つ10が作れるので，答えは「2つ」。

1～10の間に5がいくつ入っているかを考えればよい。

10 - B

7つ

A問題と同様に，1～30の間に5がいくつ入っているかを考えればいい。

5，10，15，20，25，30と5の倍数は6つ出てくるので，答えは「6つ」と思うかもしれないが，25＝5×5と5が2つ隠れているので，答えは「7つ」。

11 - A

C 45×56

与えられた選択肢のうち，積の一の位を見ると，23×34と56×67と67×78は5で割り切れないので除外する。34×45は素因数分解をすると，$2 \times 17 \times 5 \times 3^2$ となり4で割り切ることはできないので除外する。
残る選択肢の45×56は分解すると $2^3 \times 3^2 \times 5 \times 7$ となりすべての数字を含んでいるので割り切ることができる。

11 - B

(2) 693693

7，9，11のどれで割っても割り切れる数は，7×9×11をした数です（公倍数の考え）。つまり，693の倍数ということになる。693に1000をかけると693000で，そこにもう一つ693をたすと693693になる。
これは，693の倍数になる。

12 - A

この式を180度回転させると……

$$6 \ne 8 = 512 + 156$$

ポイントは，デジタルの数字なので，回転させられること。
これで，たし算の式になる。
512＋156＝668になり

? = **6**

12 – B

180度回転させると… 「**hello**」つまり「こんにちは」になる。

13 – A

14人

【並びを図に表す】

　　〇〇〇〇〇●〇〇〇〇〇〇〇〇
　　　　　　や

【式に表す】

　　5 + 1 (や) + 8 = 14　　答え14人

13 – B

15人または，9人　（答えが2つあります）

【並びを図に表す】①

　　〇〇〇〇〇〇〇〇●〇〇●〇〇〇
　　　　　　　　や　　け

【式に表す】①

　　8 + 1 + 2 + 1 + 3 = 15　答え15人
　　　　　や　　　け

【並びを図に表す】②

　　〇〇〇〇〇●〇〇〇●
　　　　　　け　　や

【式に表す】②
　8＋1＝9　答え9人
　　　や

14 – A

真ん中の数5を中心に5からいくつ離れているかを考える。

・差が4…1と9
・差が3…2と8
・差が2…3と7
・差が1…4と6
・5を中心に斜めのラインに数字を並べる。
・その後，反対側のマスに入れる。

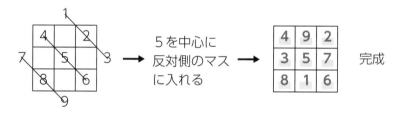

・5を中心に考えると…
　横1段目…(5－1)＋(5＋4)＋(5－3)
　　　　　　 4 　 ＋ 　9 　 ＋ 　2 　 ＝15
他の横，縦，斜めも同様。
だから，3つの数の和が15になる。

14 – B

真ん中の数13を中心に13からいくつ離れているかを考える。
（Aの問題と同様に）
・差が12…1と25　　・差が11…2と24　　・差が10…3と23

- ・差が9…4と22　　・差が8…5と21　　・差が7…6と20
- ・差が6…7と19　　・差が5…8と18　　・差が4…9と17
- ・差が3…10と16　・差が2…11と15　・差が1…12と14
- ・13を中心に斜めのラインに数字を並べる。
- ・その後，反対側のマスに入れる。

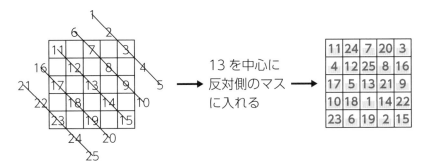

・これもA同様，13を中心に考えると…

横1段目

$(13-2) + (13+11) + (13-6) + (13+7) + (13-10)$

　　11　＋　24　＋　7　＋　20　＋　3　＝65

他の横，縦，斜めも同様。よって和は65になる。

15 - A

1×8，2×7，3×6，4×5，5×4，6×3，7×2，8×1

当たりとなるかけ算を見てみると，かけられる数とかける数の和がすべて
9となっている。

15 - B

1×7，2×6，3×5，4×4，5×3，6×2，7×1

当たりとなるかけ算を見てみると，かけられる数とかける数の和がすべて
8となっている。

16 – A

後攻が2人合わせて4個になるように取ると必ず勝つ。

【図で表す】

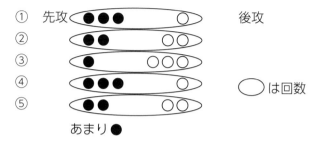

```
①   先攻 ●●●        ○      後攻
②        ●●          ○○
③        ●          ○○○
④        ●●●        ○      ○ は回数
⑤        ●●          ○○
        あまり ●
```

【式に表す】

21 (個) = 4 (個) × 5 (回) +あまり1 (個)

※4個ずつ取ると上記のようになるので，**後攻が必ず勝つ。**

16 – B

先攻が最初に1個取り，Aのような状況を作ればいい。その後，2人合わせて4個になるように先攻が取ると必ず勝つ。

【式に表す】

(22 − 1) (個) = 4 (個) × 5 (回) +あまり1 (個)

※4個ずつ取ると上記のようになるので，**先攻が必ず勝つ。**

17 – A

など

115

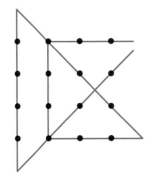 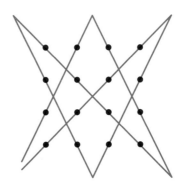

など

18 － A

6（個）

鍵盤ハーモニカの全体像を考える。

ファ〜シは7個，ド〜シは12個なので，

（32－7）÷12＝2あまり1

つまり，ファ〜シの後に，ド〜シを2回繰り返し，最後の鍵盤はドになる。

次に，鍵盤を下記のようにグループ分けする。

・ファ〜シまでをA

・ド〜シを繰り返す部分をB

・残りをC

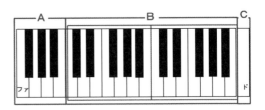

Aについて考える。

　　白鍵が1個多い。

Bについて考える。

　　ド〜シの部分は，白鍵が2つ多い。

　　ド〜シの部分は2回繰り返すから，2×2で白鍵が4個多い。

Cについて考える。

　　Cは白鍵盤だけ1個。

つまり，鍵盤ハーモニカは，白鍵が 1 ＋ 4 ＋ 1 ＝6（個）多い。

18 － B

16（個）

グランドピアノの全体像を考える。

ラ〜シは 3 個，ド〜シは12個なので，

(88−3)÷12＝7 あまり 1

つまり，ラ〜シの後に，ド〜シを 7 回繰り返し，最後の鍵盤はドになる。

次に，鍵盤を下記のようにグループ分けする。

・ラ〜シまでをA

・ド〜シを繰り返す部分をB

・残りをC

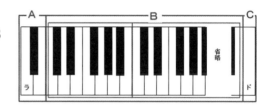

Aについて考える。

　白鍵が 1 個多い。

Bについて考える。

　ド〜シの部分は，白鍵が 2 つ多い。

　ド〜シの部分は 7 回繰り返すから，2 × 7 で白鍵が14個多い。

Cについて考える。

　Cは白鍵盤だけ 1 個。

つまり，グランドピアノは，白鍵が 1 ＋14＋ 1 ＝16（個）多い。

19 － A

(Ⓐ，Ⓑ）の組み合わせは（6，2）（3，6）（0，10)

(例)

Ⓐを〇個，Ⓑを△個使ったとすると，

$4 \times 〇 + 3 \times △ = 5 \times 6$

あてはまる〇と△は

$4 \times 6 + 3 \times 2 = 30$
　　　↓−3　　　↓+4
Ⓐ3個とⒷ4個は入れかえることができるので

$4 \times 3 + 3 \times 6 = 30$

$4 \times 0 + 3 \times 10 = 30$

だから （Ⓐ，Ⓑ）の組み合わせは（6，2）（3，6）（0，10）

19 – B

（Ⓐ，Ⓑ）の組み合わせは （6，4）（3，8）（0，12）

$4 \times 〇 + 3 \times △ = 36$

$4 \times 6 + 3 \times 4 = 36$

$4 \times 3 + 3 \times 8 = 36$

$4 \times 0 + 3 \times 12 = 36$

> $4 \times 3 = 3 \times 4$を使って
> 入れかえると簡単に
> 見つけられるね

20 – A

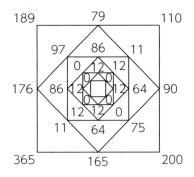

どんな数を書いても，最後はすべて**0**になる。

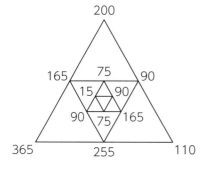

四角形の次に０になるのは八角形
のとき。

２のべき乗のとき

（**２×２，２×２×２，…**）に

成り立つ。

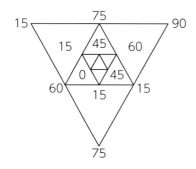

三角形では０にならない。

A　４回進む

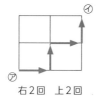

右２回　上２回

B　５回進む

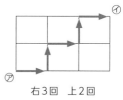

右３回　上２回

　他にもいろいろな行き方があるが，いちばん早いのは，Aは合計で右に２
回，上に２回進んで４回。Bは合計で右に３回，上に２回進んで５回。

① **8回**

右4回　上2回
左2回

右3回　上3回
左1回　下1回

② **しのぶさん**（10回）

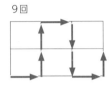

9回

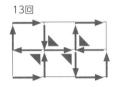

13回

　Bは右に3回，上に2回進んで5回がいちばん早い行き方である。

　回数を増やすには，ゴールへ行くのと反対方向の左や下へ行く。左に1回進むと，ゴールへ向かうにはどこかで右へ1回戻らなければならない。下へ1回進むと，上へ1回戻る。なので，進む回数は2回ずつ増える。

　Bは5回進むのがいちばん早いので，7回，9回，11回，13回となるはずである。このことから，10回でスタートからゴールへ行くのはできないことになる。

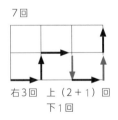

7回

右3回　上（2+1）回
　　　　下1回

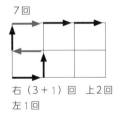

7回

右（3+1）回　上2回
左1回

ウ　4　　エ　6

アが2ならば　イが5　逆もある。

さいころの向かい合う面の数の和は7になる。

120

22 – B

さいころの対面の和が７を利用する問題である。

見えない面はすべて水平の面のみで

そのうち見えている面は最上面のみである。

よって７×(さいころの個数)－最上面の数（さいころの個数）で求められる。

xで表すと　$7x-x=6x$となる。　　　$y=6x$

23 – A

真ん中に線を入れれば，対称の軸ができる。

赤い線の右側を見ると，「ア，イ，エ，オ」とカタカナになっている。

ということは，？に入る言葉は「ウ」になる。

よって答えは，　　　　　　　　になる。

23 – B

真ん中に線を入れれば、対称の軸になる。

右側を見ると、「a,b,d,e」となる。

？マークに入る言葉は「c」になる。

よって答えは、　　　　　になる。

24 – A

3種類

紫　2つ目の点と4つ目の点

黒　1つ目の点と5つ目の点

灰　3つ目の点（正方形）

計算で考えると

紫　$2 + 4 + 2 + 4 = 12$

黒　$3 + 3 + 3 + 3 = 12$（正方形）

灰　$1 + 5 + 1 + 5 = 12$

和が12になる4□の計算を探せばよい。

図でも計算でも
求められますね

または，

求めるのが長方形なので向かい合う辺の長さは必ず同じになるため，

たして6になるペアを探してもよい。（2 + 4，3 + 3，1 + 5）

24 – B

5種類

Aと同じように3□の和が12になる式を作れば

よいので

紫　$1 + 1 + 10$

黒　$2 + 2 + 8$

灰　$3 + 3 + 6$

赤　$4 + 4 + 4$（正三角形）

ピンク　$5 + 5 + 2$

たくさんありそうで
意外と少ないですね！

文字盤の目盛りを利用して直径を2本引けば，その交点が中心。
どんな2本の直径を引いても，上図のように長方形（正方形）がかける。
長方形（正方形）の対角線は，長さが等しく，各々の中点で交わっている。
「円に内接する長方形の対角線の中点＝長方形に外接する円の直径の中点」
となり，円の中心が求まる。

25 - B

問題Aの考え方を用いれば，弦の垂直二等分線など難しい方法をとらなく
ても解決できる。
内接する長方形を作図して，対角線をかけば，その交点が円の中心になる。

26 － A

正方形は１つの角度が90度なので，すべての角度が60度になる正三角形にはならない。

正解は **A**

26 － B

正三角形は１つの角度が60度なので，すべての角度が90度になる長方形にはならない。

よって，正解は **D**

A　ひし形　　　B　平行四辺形　　　C　五角形　　　E　正六角形

27 – A

39個

（2・4段目）

（3段目）

段ごとに分けて考えるとよい。

1段目と5段目は0個。

2段目と4段目は9個。

3段目は， 3×5＋3＋3＝21
21個

よって， 0＋9＋21＋9＋0＝39

27 – B

49個

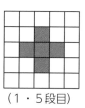
（1・5段目）

2・3・4段目はAと同様であるため，

1・5段目を考えればよい。

1・5段目はそれぞれ5個。

よって， 39＋（5×2）＝49

28 – A

15°

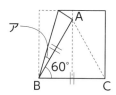

△ABC→正三角形

(90－60)÷2＝15

50°

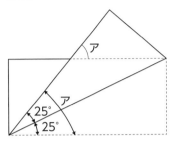

1800°

角の大きさの和の求め方は様々な方法がある。今回は外側の六角形と内側
の四角形の各項目を結んで三角形に分割して求める。

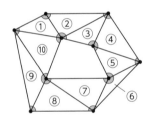

色のついた部分の角の大きさの和は三角形の
10個分なので,
180°×10＝1800°

同じ

Aと同様で外側の七角形と内側の三角形の各頂点を結んで三角形に分割す
ると,こちらも三角形の10個分になるため,1800°となる。

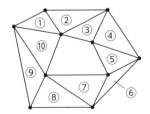
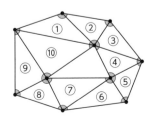

30 - A

（1）正方形

（2）正六角形

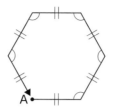

30 - B

正12角形

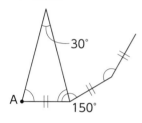

31 - A

プログラムA3

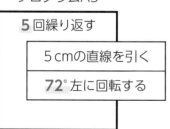

```
5 回繰り返す
  5 cmの直線を引く
  72° 左に回転する
```

※ n 角形のプログラムを作るには，回数を n 回，角度を360÷ n にすれば できる。

プログラムA3

9 回繰り返す

　　5cmの直線を引く

　　160°左に回転する

※ nつ星をのプログラムを作るには，回数をn回，角度を180−360÷n
　÷2にすればできる（nが奇数のとき）。

32 − A

75°

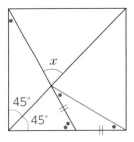

補助線を引くと△ABEと
△CBEは合同となる

$45° + \bullet = x$

$\bullet \times 3 = 90°$

$\bullet = 30°$

$x = 75°$

130°

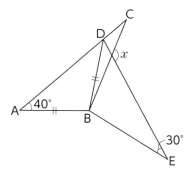

∠ABC＝180－40－30＝110°

△ABDは二等辺三角形

∠ABD＝100°

∠DBC＝10°

∠CBE＝110°－10°＝100°

x＝100°＋30＝130°

33 - A

40cm

まず，右図のように等しい長さに
記号をつける。

長方形ABCDのまわりの長さを
記号で表すと，

（a＋b）×4

a＋b＝10なので，

10×4＝40

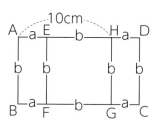

33 - B

40cm

まず，右図のように等しい長さに
記号をつける。

長方形ABCDのまわりの長さを
記号で表すと，

(a＋b＋c＋b)×2

a＋b＝12，b＋c＝8なので，

(12＋8)×2＝40

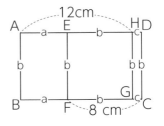

34 - A

48cm

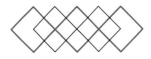

まわりの長さは正方形3つ分の長さになる。

4×4×3＝48

34 - B

75.36cm

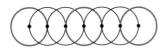

円を真っすぐに並べてみると分かりやすい。まわりの長さは円3個分の長
さになる。

4×2×3.14×3＝75.36

35 － A

トイレットペーパーが4つのとき，結び方は複数ある。

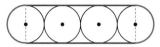

この場合

（黒）直径3つ分×2　　10×3×2＝60

（赤）円周1つ分　　　　10×3.14＝31.4

60＋31.4＝**91.4cm**

この場合

（黒）直径4つ分　　10×4＝40

（赤）円周1つ分　　10×3.14＝31.4

40＋31.4＝**71.4cm**

右の場合も同様の長さ

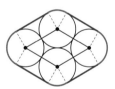

トイレットペーパーの数を
変えてみたら？

トイレットペーパー6個のときの並べ方は複数ある。

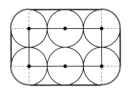

この場合
直径6つ分
円周1つ分

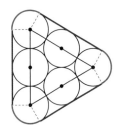

この場合も
直径6つ分
円周1つ分

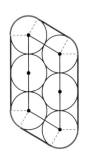

この場合も
直径6つ分
円周1つ分

6個を直列で並べる以外はどれも同じ長さ

36 – A

どちらの散歩コースも同じ長さ

円形の散歩コースの長さは，100×3.14＝314（m）

8の字散歩コースの長さは，大の円周＋小の円周で求められる。

大の直径をAm，小の直径を（100－A）mとすると，

　　大の円周＝A×3.14

　　小の円周＝（100－A）×3.14

8の字散歩コースの長さは，

$A \times 3.14 + (100 - A) \times 3.14$

$= (A + 100 - A) \times 3.14$

$= 100 \times 3.14$

$= 314$ (m)

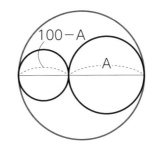

36 − B

どちらの散歩コースも同じ長さ

円形の散歩コースの長さは，$100 \times 3.14 = 314$（m）

おだんご散歩コースの長さは，大の円周＋中の円周＋小の円周で求められる。

大の直径を a m，中の直径を b m，小の直径を（$100 - a - b$）m とすると，

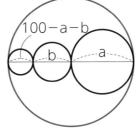

大の円周＝ $a \times 3.14$

中の円周＝ $b \times 3.14$

小の円周＝（$100 - a - b$）$\times 3.14$

おだんご散歩コースの長さは，

$a \times 3.14 + b \times 3.14 + (100 - a - b) \times 3.14$

$= (a + b + 100 - a - b) \times 3.14$

$= 100 \times 3.14$

$= 314$ (m)

37 − A

灰色の長方形と赤色の長方形は同じ広さ。同じ広さから同じ広さ（重なった部分）の赤灰の長方形を取っているから残った灰色と赤の部分は形が違うけれども**広さは同じ**。

37 - B

これもＡの問題同様，灰色と赤色の台形の広さは同じ。そこから同じ大きさの赤灰色の台形を引くので，残った灰色（長方形）と赤色（平行四辺形）も形は違うけれども**広さは同じ**。

38 - A

100cm²

まず，大きい正方形の一辺の長さを求める。

右図のように大きい正方形がもう１つあると考えると，大きい正方形の２辺分の長さ求めることができる。

$2 + 14 = 16$（cm）

大きい正方形の一辺の長さは，

$16 \div 2 = 8$（cm）

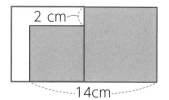

次に，小さい正方形の一辺の長さを求める。

$8 - 2 = 6$（cm）

つまり，正方形２つを合わせた面積は，

$8 \times 8 + 6 \times 6 = 100$（cm²）

38 - B

56cm²

まず，大きい正方形の一辺の長さを求める。

右図のように大きい正方形がもう２つあると考えると，大きい正方形の３辺分の長さ求めることができる。

$2 + 12 + 4 = 18$（cm）

大きい正方形の一辺の長さは，

$18 \div 3 = 6$（cm）

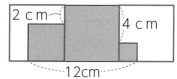

次に，中の正方形の一辺の長さを求める。

　　6－2＝4（cm）

次に，小の正方形の一辺の長さを求める。

　　6－4＝2（cm）

つまり，正方形３つを合わせた面積は，

　　6×6＋4×4＋2×2＝56（cm^2）

39 － A

30cm^2

全く円が重なっていないときの面積は100＋100で200cm^{2}となるはずだが，全体が170cm^{2}しかないので，重なった部分は200－170＝30cm^2

39 － B

10cm^2

全く円が重なっていないときの面積は100＋100＋100で300cm^{2}となるはずだが，全体が220cm^{2}しかないので，２つ以上円が重なった部分は300－220＝80cm^2。A問題からラグビーボール形の面積は30cm^2。ラグビーボール形が全く重なっていなければ30＋30＋30＝90cm^2。２つ以上円が重なった部分は80cm^{2}なので３つの円の重なりは90－80＝10cm^2

40 － A

2 cm^2

正六角形は正三角形を６つ敷き詰めた形なので，正三角形１つ分は1cm^2。

等積変形して正三角形にすれば，△HDEの面積が分かる。

①△HDEを等積変形　②△OBDは，正三角　③正三角形2つ分なの
　し△BDEにする。　　形OCDと面積が等　　で，2cm²。
　　　　　　　　　　しいので置き換える。

40 - B

4cm²

正六角形は正三角形を6つ敷き詰めた形なので，正三角形1つ分は1cm²。

等積変形して正三角形にすれば，四角形ABDEの面積が分かる。

①四角形ABDEに補助　②△OBDは，正三角　③正三角形2個分なの
　線を引いて△BDEに　　形OCDと面積が等　　で，△BDEは2cm²。
　する。　　　　　　　しいので置き換え　　つまり,四角形ABDE
　　　　　　　　　　る。　　　　　　　　は2×2＝4cm²。

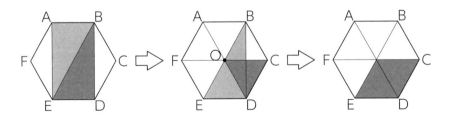

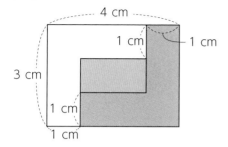

白い部分が2cm²だけ大きい

色のついている部分と白い部分の違いを考えればいいので，白い部分の中に色のついている部分と同じ形を作ると，中央のピンクの長方形の面積だけ大きいことが分かる。

この面積は，（3－1－1）×（4－1－1）＝2cm²

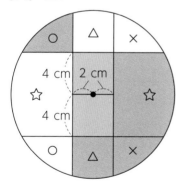

色のついている部分が32cm²だけ大きい

上下左右対称になるように補助線を引くと，上図のように同じマークの部分を打ち消し合うことができる。よって，中央のピンクの長方形の分だけ大きいことが分かる。

（4＋4）×（2＋2）＝32cm²

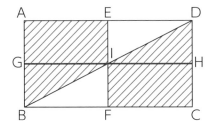

辺ABの中点をG, 辺CDの中点をHとし, 点G, Hを直線で結んだとき

にできる対角線BDとの交点をIとする。

△GBIと△EIDの面積は等しいので, △GBIを△EIDに移動させると, 求

める面積は長方形AGIEと正方形EFCDになる。

長方形AGIE   正方形EFCD

$2 \times 1 = 2$ $2\,cm^2$ $2 \times 2 = 4$ $4\,cm^2$

よって斜線部分の面積の和は, $2 + 4 = 6$ **6 cm²**

42 - B

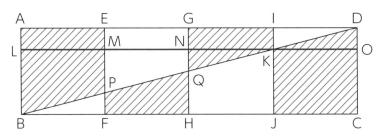

まず, 辺IJと対角線BDの交点をKとする。

そして, 辺ADと平行で点Kを通る直線を引き, 辺AB, 辺EF, 辺GH,

辺DCとの交点をそれぞれ, L, M, N, Oとする。

対角線BDと辺EF, 辺GHの交点をP, Qとする。

四角形LBPMを四角形EPQGに移し, △NQKを△IKDに移す。

四角形ALME＋四角形EFHG＋四角形GNKI＋四角形IJCD

0.5×2＋2×2＋0.5×2＋2×2＝10

10cm²

43－**A**

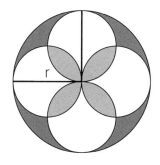

　４分の１の円を４つつなげて，１つの円で考える。大きい円の半径を r と考えると小さい円の半径は大きい円の半径の半分なので，$\dfrac{r}{2}$

小さい円の面積は $\dfrac{r}{2} × \dfrac{r}{2} × 3.14$

大きい円の面積は $r × r × 3.14$

小さい円の面積４個分が大きい円の面積１個分に等しい。

小さい円は互いに重なり合っている。その４個の円全体の面積は？

４個の小さい円全体の面積＝小さい円の４個分の面積－レンズの形４個分の面積

$\qquad\qquad\quad$＝$r × r × 3.14$－レンズの形４個分の面積……①

また，４個の小さい円全体の面積は，大きい円の面積から翼の形４個分の面積を除いたものに等しい。

４個の小さい円全体の面積＝大きい円の面積－翼の形４個分の面積

$\qquad\qquad\quad$＝$r × r × 3.14$－翼の形４個分の面積……②

①と②からレンズの形４個分の面積と翼の形４個分の面積は等しい。

4個の大きさは互いに同じ大きさなので，それぞれの1個分の大きさは等しい。

43 – B

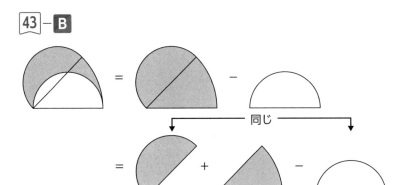

よって

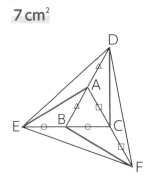

44 – A
7 cm²

図のように補助線を引くと，EB＝BCより△AEBと△ABCの面積は等しい。また，BA＝ADより，△AEBと△DEAの面積は等しい。
よって，△DEBの面積は△ABCの面積の2倍となる。
同じように，△DAFと△CEFも△ABCの面積の2倍である。
したがって，△DEFの面積は7cm^{2}となる。

44 − B

5cm^2

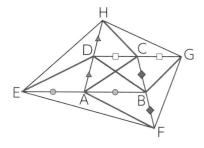

△BEFは△CABの，△HDGは△DACの面積の2倍になる。
よって，△BEFと△HDGの面積の和は四角形ABCDの面積の2倍になる。
同様に，△HEAと△CFGの面積の和は四角形ABCDの面積の2倍になる。
したがって，四角形EFGHは5cm^2

45 − A

円柱の体積は，半径×半径×3.14×高さだから，
90×90×3.14×50＝1,271,700（cm^3）
1L＝1000mLより，1,271,700÷1000＝1271.7（L）
1271.7÷5＝254.34。よって，255（杯）
答え アの250杯が，最も近い

45 - B

直方体の体積は，縦×横×高さだから，$25 \times 15 \times 1 = 375$（m³）

$375 m^3 = 375,000,000 cm^3$

$375,000,000 \div 1,271,700 = 294.881\cdots$（杯）

答え　**アの300杯が，最も近い**

46 - A

540円は，消費税10%込みの価格であり，税抜き価格は491円になる。

491円から30円を引くと，割引をした牛丼ランチセットの値段は，

461円になる。

これに消費税10%の46円をたすので，507円になる。

式　割引後　$491 - 30 = 461$

　　消費税　$461 \times 0.1 = 46.\overline{1}$

　　　　　　$461 + 46 = 507$

※税込み価格の540円から30円を引いた価格は，510円になる。

46 - B

20%引きのクーポン券を先に使う方が，100円お得

20%引きのクーポン券を先に使う場合

$8000 \times 0.8 = 6400$

$6400 - 500 = 5900$

　　5900円

500円引きのクーポン券を先に使う場合

$8000 - 500 = 7500$

$7500 \times 0.8 = 6000$

<u>6000円</u>

47 – A

価格は同じではなく，400円より25円安くなる

400円のようかんを25%値上げすると

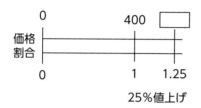

25%値上げ

$400 \times 1.25 = 500$　　500円になる

500円のようかんを25%値下げすると

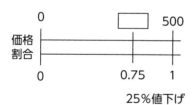

25%値下げ

$500 \times 0.75 = 375$　　375円になる

$400 - 375 = 25$

47 – B

価格を変えずに重さを20%減らせば25%値上げしたことになる

まず、「500円のようかんを400円で売るには，何%値下げすればよいか。」
を考える。

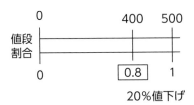

20%値下げ

$500 \times \boxed{0.8} = 400 \qquad 0.8 = 1 - 0.2$

400円は，500円の0.8倍なので，20%値下げすればよい。

ようかんの重さは500gだから，値段と同じように，20%減らせばよいので

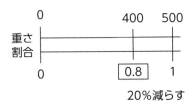

20%減らす

$500 \times \boxed{0.8} = 400 \qquad 0.8 = 1 - 0.2$

答え **500gを20％を減らして，400gにすればよい。**

【ようかんの重さをX％減らしたとする解答】

X％減らしたようかんの重さは，　　$500 \times \dfrac{100-X}{100}$グラム

25%値上げしたようかんの単価（1gの価格）は，$\dfrac{400}{500} \times \dfrac{125}{100} = 1$　1円

単価×重さ＝価格　であり、X％減らしたようかんの価格が400円であることから

$(\ 単\ 価\ )\ \times\ (\ 重\ さ\ )\ =\ (\ 価\ 格\ )$

$\left(\dfrac{400}{500} \times \dfrac{125}{100}\right) \times \left(500 \times \dfrac{100-X}{100}\right) = 400$

$$1 \times 5 \times (100 - X) = 400$$
$$500 - 5X = 400$$
$$5X = 100$$
$$X = 20$$

ようかんの重さを20%減らすと価格を25%値上げしたことになる。

48 - A

2割5分引きしたものと100円引きしたものを5セット売ったとして計算すればよい。

すべて最初の5個と途中から5個を2個ずつセットと考える

ア　$500 \times (1 - 0.25) = 375$　　（利益75円）

　　$375 - 100 = 275$　　（25円損）

　　$(75 - 25) \times 5 = 250$

250円

イ　$500 - 100 = 400$　　（利益100円）

　　$400 \times (1 - 0.25) = 300$（原価と同値，よって利益なし）

　　$(100 - 0) \times 5 = 500$

500円

（2割5分引きからその元となる値の大きい方が引かれる値が大きいという考え方も可）

よって③

48 - B

2割5分は$\frac{1}{4}$であることに気付きたい。

A　$300 \times 1.1 = 330$

　　$330 \times 5/4 = 412.5$　→　412円

B　300×5/4＝375

　　375×1.1＝412.5　→　412円　　　　**両方同じ**

296円の場合はＡの方が安くなる。なぜなら，296円の10％の消費税段階で端数（小数点以下）が出るため，切り捨てが起きる。その後その1.25倍となる。しかし，Ｂは296が４の倍数のため，$\frac{5}{4}$ 倍すると10円以下の端数が出ない。よって次の段階ですべてが1.1倍となる。今回の場合はＡの方が安くなる。

49 −Ａ

130円

売値を□とすると　□×（1＋0.1）＝143　□＝130

49 −Ｂ

1875円

Ａの方法で表示価格の合計を求める。

表示価格を□とすると，

　　　　□×（1−0.2）×1.1＝1650

　　　　　　　　　　　□＝1875

※今回は表示価格を５円単位としたので必要ないが，この記述がない場合は，1876円が正解となる。売買が関係するときは，割引や消費税は端数を切り捨てる場合が多い。すると，1876円は２割引き段階で1500円となり，1875円の場合と同じになる。

50 – A

条件を表に整理してみると

		犬		合計
		すき	きらい	
猫	すき	**20**	（3）	23
	きらい	（7）	2	9
合計		27	（5）	32

50 – B

条件を表に整理してみると

	チョコレート	カスタード	合計
イチゴあり	（15）	15	30
イチゴなし	（45）	**25**	（70）
計	60	（40）	100

編著者・執筆者紹介

【編著者】

細水 保宏 （ほそみず やすひろ）

神奈川県生まれ。横浜国立大学大学院修了。公立小学校、筑波大学附属小学校、同副校長を経て、現在、明星大学客員教授兼明星小学校校長。早稲田大学非常勤講師、全国算数授業研究会元会長、ガウスの会会長、教育出版教科書『算数』著者。主な編著書に『授業で使える！ 算数おもしろ問題60』『算数のプロが教える学習指導のコツ』など多数。

【執筆者】（執筆順）

細水　保宏	明星大学・明星小学校	問題1,2,3,7,19,28,30,50
時川　郁夫	森村学園初等部	問題4,5,32
髙井　淳史	小平市立小平第七小学校	問題6,10,39
藤井　幹裕	元鳥取県小学校	問題8
初田　宏樹	横浜市立上星川小学校	問題9,11,12,17,23,26,43
中野　良喜	野辺地町教育委員会	問題13,14,16,37
前田　健太	慶應義塾横浜初等部	問題15,
種市　芳丈	南部町立名川南小学校	問題18,33,36,38,40
平居奈都規	元神奈川県小学校	問題20,34
大澤　隆之	学習院初等科	問題21
山本　浩史	東広島市立坂城小学校	問題22,48,49
白圡　明香	蕨市立東小学校	問題24
原　　悠太	相馬市立桜丘小学校	問題25
岩崎　佑亮	明星小学校	問題27,29,41
松村　隆年	常葉学園大学	問題31,46,47
河合　智史	明星小学校	問題35
鳥海　武尊	明星小学校	問題42,44
橋本　吉貴	鎌倉女子大学	問題45

カスタマーレビュー募集

本書をお読みになった感想を下記サイトに
お寄せ下さい。レビューいただいた方には
特典がございます。

https://www.toyokan.co.jp/products/4386

基礎＋発展で深い学びが得られる！

算数おもしろ問題100

2023年（令和5年）3月14日　初版第1刷発行
2024年（令和6年）4月15日　初版第2刷発行

編著者：細水 保宏
発行者：錦織圭之介
発行所：株式会社東洋館出版社
　　　　〒101-0054　東京都千代田区神田錦町2丁目9番1号
　　　　　　　　　　　コンフォール安田ビル2階
　　　　代　表　電話03-6778-4343　FAX03-5281-8091
　　　　営業部　電話03-6778-7278　FAX03-5281-8092
　　　　振　替　00180-7-96823
　　　　ＵＲＬ　https://www.toyokan.co.jp

印刷・製本　株式会社シナノ
装丁デザイン：小口翔平＋阿部早紀子（tobufune）
本文デザイン・組版：株式会社明昌堂
イラスト：フクイヒロシ

ISBN978-4-491-04386-9